Je dédie ce livre à toutes les personnes incroyables que j'ai rencontré
qui m'ont soutenu
je vous aime sincèrement.

Sommaire

MANIFESTER   4

Règle #1 :   4
Règle #2 :   5
Règle #3 :   6

Le F à combattre   8

RÉALISER   10

APPRENDRE   15

Solitaire ou accompagné vous y arriverez…17

De quoi s'inspirer lorsque nos jours se ressemblent ?   18

Soyez satisfait de vos efforts les plus minimes…   20

Procrastiner et se reposer   21

Le choix   22

Apprendre à accepter ce que tu deviens et ce que tu es.   24

Le cycle.   25

DIMINUER VOTRE INQUIETUDE !!   27

Tu ne peux pas être positive tous les jours 24/24, laisse-toi vivre   27

La Déception   31

Plusieurs naissances en une vie   34

Ce « breakdown » juste après avoir une nouvelle routine   36

Construction d'une vie saine   37

Tu vas te déconstruire et c'est inévitable   38

Entretien avec Ismael et Francoise   40

La fin mais aussi le début de votre nouvelle vie   45

REMERCIEMENTS   46

EDITION 2022 2023   47

MANIFESTER

« On ne peut rien apprendre aux gens. On peut seulement les aider à découvrir ce qu'ils possèdent déjà en eux, tout ce qui est à apprendre. » - Galillée

REGLE #1

Savoir évaluer ses pensées constructives afin de pouvoir visualiser son objectif est un long processus qui demande beaucoup de motivation, je m'explique. Le matin pour moi est l'un des moments le plus important de la journée, je m'oblige à créer une motivation pour me diriger vers mon objectif, j'exerce les tâches les plus importantes le matin parce que je trouve que mon corps au réveil assimile beaucoup plus les informations.

Essayez de trouver le meilleur moment de la journée qui vous correspond pour travailler sur vous et vos pensées. Réfléchir positivement à vos objectifs vous dirigent vers la manifestation, n'oubliez pas que tout commence par la réflexion.

De quelle manière obtenez-vous ce dont vous désirez ? Si vous ne réfléchissez pas assez, je doute que vous atteigniez ce que vous souhaitez car la réflexion et l'intuition aident à l'accomplissement, ayez en tête un simple plan d'action qui vous mènera à votre but, sans y apporter trop de détail, puis réfléchissez-y et suivez votre intuition, mais surtout soyez optimiste, croyez en vous et écoutez-vous, car personne ne pourra construire votre objectif de la même manière que vous le souhaitez.

RÈGLE #2 :

Tout a l'air trop facile pour être vrai, non ? Réfléchir positivement, croire en soi ? Commencer à entreprendre les choses réellement et tout fonctionne, non ce n'est pas un coup de magie, juste de la détermination. Si vous ne l'êtes pas, tout sera plus difficile et je pense que vous voulez y arriver avec le moins de complications possibles alors soyez motivé et prêt à tout donner !!!

   Nous sommes tous nés avec la détermination de se faire entendre, par exemple lors de votre naissance, pour se faire entendre il a fallu crier, car cette motivation à faire savoir au monde que l'on existe était primordial et bien il en est de même pour quels que soient vos projets personnels ou professionnels ou encore un simple but comme passer à autre chose après une rupture amoureuse. N'ayez pas peur du changement de votre vision du monde et de notre société, n'ayez pas peur de penser autrement, il ne s'agit pas de prouver quoi que ce soit à quiconque, mais de pouvoir avancer à votre temps, afin de vous rapprocher de la personne que vous désirez être, avec tout le savoir et les besoins tant physiques que matériels.

RÈGLE#3

Même si tout a l'air bien trop facile comme je l'ai dit précédemment je sais que vous ne parvenez pas à écarter les pires situations, les obstacles qui feront que vous ne réussissez pas et je comprends totalement. Notre fonctionnement nous conditionne à être négatif avant d'avoir des pensées positives…

Mais, pourquoi avez-vous pris l'habitu de laisser ces pensées négatives vous perturber autant, au point d'en avoir peur physiquement ?

Le stress, les mains moites ou encore les tremblements sont en lien avec notre mental. Le mental est très important dans l'acheminement de tous vos projets car ce que l'on pense est relié avec notre réalité, de ce fait commencer à entraîner votre cerveau à penser positivement pour recevoir et créer une réalité positive, essayer d'écarter toutes frayeurs que vous créez au sein de votre tête, tous les « et si… » qui refont surface avant chaque prise de décision ne sont présents car vous imaginer le pire scénario possible au lieu de faire face à la réalité positive, la vôtre, que vous avez construite grâce à votre optimisme, tout en prenant en compte, bien sûr, les obstacles qui pourraient surgir.

Avoir ces règles placer dans un coin de sa tête constamment peut être difficile au début mais comme on le dit souvent, tout est une question de volonté et de pratique quotidienne. Pensez-y lorsque vous serez confronté à des difficultés au lieu d'imaginer le pire et vous serez surpris du résultat, car je suis uniquement en capacité de vous convaincre si vous essayez les conseils donnés précédemment et que vous remarquez de votre propre gré que cela fonctionne. Imaginons que vous rêvez d'une vie où vous détenez une santé parfaite, beaucoup d'argent, l'amour de votre partenaire, famille et amis et un succès incroyable dans ce que vous faites, votre travail, ou autre. Ce sont les quatre choses que des personnes souhaitent généralement dans leur vie mais ces personnes pensent qu'un gros fossé existe entre ce qu'ils pensent et désirs et leurs vies.

Cependant ils ne pensent pqs pouvoir mettre tout en place pour combler ce fossé et changer leur vie, car toi et moi sommes au courant que pour pouvoir changer de quotidien des efforts doivent être faits TOUS LES JOURS, car si ce n'est pas pour atteindre votre objectif, pourquoi sortez-vous de votre lit le matin ? Pourquoi se réveiller si ce n'est pas pour commencer à changer ses mauvaises habitudes ? Ne craignez pas de ne pas savoir comment y arriver en ayant pas de plan vraiment détaillé car, au fil des jours tout viendra, vous aurez plusieurs idées afin de savoir clairement les étapes pour réussir, mais en attendant, il faudra changé d'habitudes ou d'opinions pour les rendre positives ou encore l'attitude que vous avez envers les personnes sera maintenant rempli de positif !

Mais ne croyez pas que ce livre s'adresse uniquement aux jeunes et qu'à partir du moment où on atteint la cinquantaine voire soixantaine on ne peut plus être ambitieux ou devenir meilleur, car ce serait faux. Il n'y a pas d'âge qui définit à quel moment je peux devenir et attirer tout ce que je souhaite, car dès que vous avez l'énergie et un bon moral rien ne pourra vous arrêter à part vous-même.

LE F A COMBATTRE

Je vous parle du F de la « fatigue » à combattre, cette fatigue mentale et quelquefois éphémère mais lorsque vous êtes réellement conscient que le travail ne se fera pas seul, toute cette «flemme» cette paresse s'évapore. C'est le même processus pour la motivation, au moment où vous vous rendez compte que vous tenez toutes les clés en main et que rien ne peut vous arrêter, cette motivation évolue jusqu'à ce que vous obteniez tout ce que vous désirez, car les mots « perdre espoir » n'étaient pas ancrés dans votre tête, non, il y avait que du positif pour y réussir et le second plan, le plan B, n'était pas envisageable c'était ce « projet » ou rien.

Je dis souvent que rien n'arrive par hasard et que tout appartient au destin mais pour certaines personnes votre réussite ne sera pas le fruit de votre travail mais plutôt l'aide que vous avez reçu au long de cet acheminement. Ce genre de personne ne souhaite pas croire que vous êtes capable d'avoir autant d'ambitions au point de réaliser votre rêve. Se concentrer uniquement sur la réaction et le jugement de vos proches lorsque vous leur faites part de vos projets serait vous trompé de chemin car tout conseil est bon à prendre mais c'est à vous de savoir s'ils seront utiles. Si j'avais écouté tout ce qu'on m'a dit lorsque je discutais de mon projet de vernissage de toile et de ce livre, je n'aurais rien commencé. Si aujourd'hui vous êtes en train de lire cette page, c'est qu'il y a eu beaucoup de travail derrière ce texte. Ne prenez pas tout personnellement, bien sûr qu'il y aura des gens qui vous demanderont « mais comment tu fais ? Ce n'est pas trop dur ? Moi je n'aurais pas pu le faire à ta place ! » des critiques des questionnements et encore des critiques, qu'elles soient positives ou non c'est à vous de les choisir.

L'introspection, est un mot que l'on entend bien souvent sans y prêter une réelle attention. L'humain se pose plus de questions qu'il n'agit et pourquoi ? Je n'écris pas ce livre pour répondre à vos questions, je n'ai pas la science infuse et je suis loin de pouvoir lire dans vos pensées et vous analyser. Mais, entre les mille questions qui sont dans votre tête, accrocher vous à celle-ci, comment vous décrivez vous en dix mots, ensuite lister ses 10 mots et demander à un proche de vous décrire en 10 mots, cet méthode peu être efficace afin de vous décrire et de mieux vous comprendre. Ici, l'introspection est selon moi, prendre un recul sur soi et se poser des questions essentielles, nous avons toujours besoin d'un avis extérieur car la façon dont vous vous décrivez peut-être différente de la façon dont un proche vous décrit. Le juste milieu entre ce que vous pensez être et comment quelqu'un peut vous décrire est sûrement la personne que vous êtes aujourd'hui.
Autrement dit, vous ne pouvez pas vous décrire en prenant uniquement vos propres arguments et en négligeant ceux des autres, ce n'est pas égal. Mais ici, l'introspection doit être effectuée en fonction de ce que l'on vous dit et ce que vous ressentez car pour avancer tout au long de votre vie et parvenir à vos objectifs, il faudra prendre en considération un ou deux conseils !!!

RÉALISER

« Le but de la vie est de se développer,
de se réaliser complètement,
c'est notre fonction sur terre. » - Oscar Wilde

QUI VEUX-TU ÊTRE ?

Savoir qui vous êtes avant de vouloir vous améliorer est la clé de ce que vous pouvez obtenir, c'est-à-dire que pour savoir ce que vous voulez, soyez reconnaissant de toutes les choses que vous possédez ou encore des personnes qui vous entourent, avant d'essayer d'apporter quelque chose en plus dans votre vie. C'est de cette manière que vous distinguerez ce qui doit apporter une valeur à vos yeux, tout en sachant qu' en général vos objectifs d'aujourd'hui seront différents de ceux des cinq années à venir, tout comme vous.

Nous sommes tous nés dans le but d'évoluer, de changer et de grandir, ces trois mots ne sont pas négatifs voyez-le comme du positif, car lorsque vous évoluez non seulement vos idées changent mais vos réflexions deviennent différentes et surement plus concises.
Il est impossible que vous restiez la même personne, inconsciemment vous changez tous les jours comme tout le monde et comme tout être de cette terre, mais décidez de changer pour devenir meilleur, pour accomplir vos objectifs à hauteur de 1% minimum tous les jours, soit 10 minutes par jour (selon moi bien sûr) est une décision prise de votre plein gré, sans que personne ne vous critique ni décide à votre place. Alors ne culpabilisez pas, votre discipline que vous vous êtes imposé afin d'y réussir se reflètera dans le résultat final, tout le monde parvient à ses objectifs avec un rythme différent mais c'est à vous de définir la cadence.
Votre confiance déterminera votre réussite professionnelle et personnelle. Sachez que cette phrase est l'une des plus puissantes auxquelles j'ai pensé aujourd'hui car avoir confiance en vous implique la manière dont vous interagissez avec les personnes autour de vous et par ailleurs comment vous agissez et qu'est-ce qui démontre que vous êtes assez confiant pour réussir dans n'importe quelle chose que vous entreprenez ?
Comment avez-vous l'habitude de vous rassurer lorsque vous êtes le seul à croire en votre projet et personne d'autre ? Oui, il y a un tas de questions que je pourrais vous poser qui tournerait autour du lien de la confiance en soi et votre réussite mais je ne vais pas perdre de temps sur ça. Les détails comptent mais être clair et précis est aussi très important cependant vous n'êtes pas obligé de prouver à quiconque que vous détenez une confiance à 100% mais prouvez-le à une seule et unique personne, vous !

C'est de cette manière que vous commencerez à avancer sur ce chemin rempli d'obstacles peu importe s'il y a des hauts et des bas, l'essentiel est d'y croire, de ne pas laisser tomber au premier « bas » qui se présentera car vous avez confiance en vos capacités à réussir quoi que ce soit.

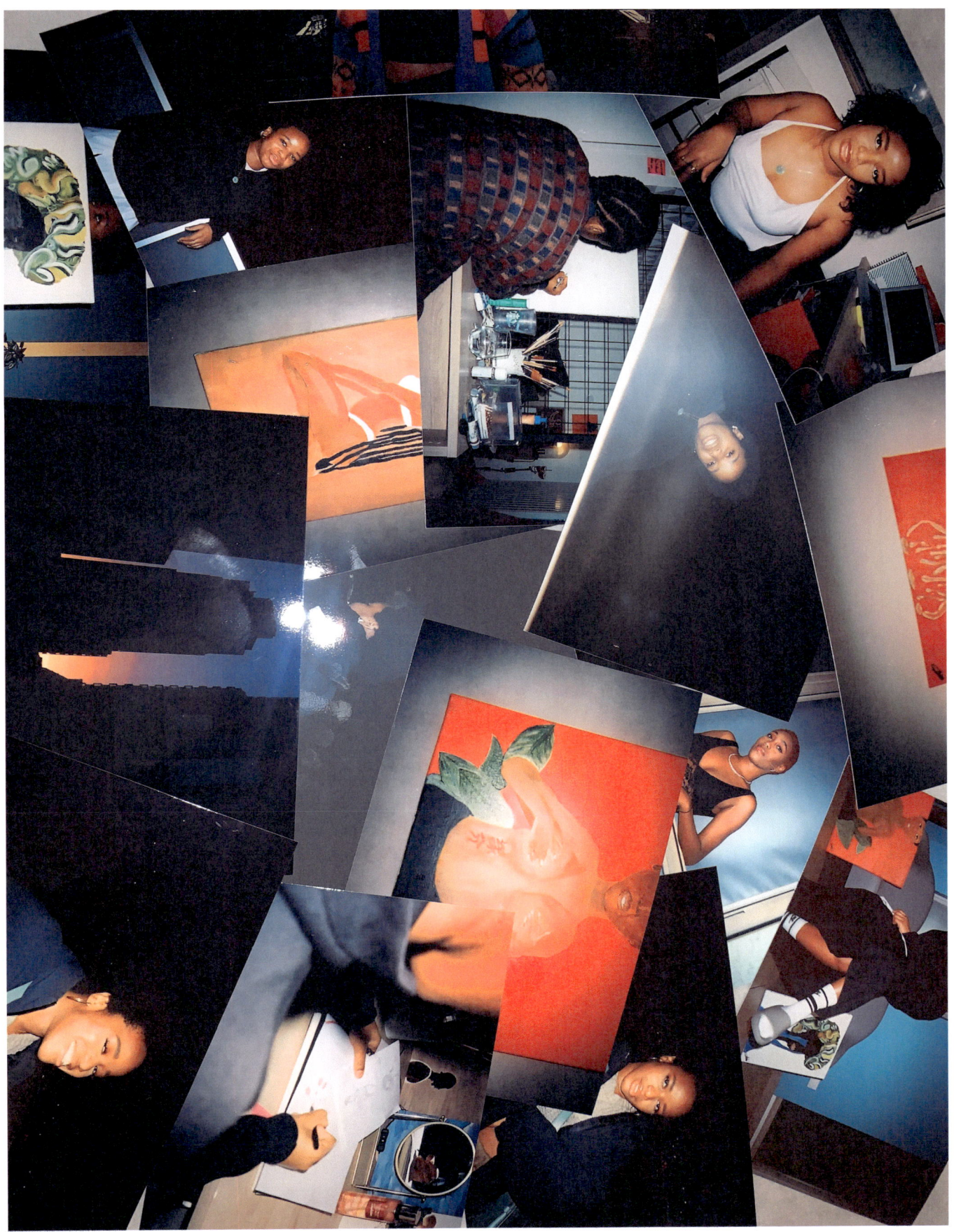

Identifiez ses objectifs lorsqu'on en a pas

Beaucoup de personnes sont passés par la case de « je ne sais pas quoi faire de ma vie » avant d'être stable avec une simple routine, c'est parce que la plupart du temps vous essayez de vous trouver de nouvelles compétences, de nouveaux «loisirs» pour mieux vous connaitre, sans réfléchir à ce que vous êtes. J'ai toujours voulu produire plusieurs choses en même temps, la plupart du temps, je le fais sans penser à un ordre spécifique.

Par exemple pour la danse je me concentre plus sur hip hop commercial, je ne me suis jamais limité à une chose ou encore une passion car j'aime énormément, la mode, le dessin et tout ce qui tourne autour de l'art. Mais depuis petite j'ai su que je pouvais être tout ce dont j'avais envie d'être si j'étais motivé à y mettre tous mes efforts. C'est grâce à mes nombreuses conversations avec ma mère, j'ai toujours eu son soutien et ses encouragements. (merci maman !)

Je me suis sûrement éparpillé mais le point principal est que peu importe l'ordre dans lequel vous souhaitez que les choses s'accomplissent tant que vous y mettez de la détermination tout est quasiment gagné.

Il se peut qu'à un moment de votre vie, quelqu'un vous poussera à croire que vos ambitions ont des limites ou bien que vous ayez déjà fait assez et qu'il est impossible de mieux faire, n'écoutez pas ces personnes continuer à avancer et à faire de votre mieux. Si vous estimez que ce que vous avez entrepris est suffisamment bien alors vous ferez encore mille fois mieux, mais attendez-vous à ce que ça soit plus difficile.

Prenons l'exemple de la pâtisserie, vous vous en doutez sûrement du nombre d'heures passées pour réaliser ces merveilles, il y aura toujours les classiques comme le pain au chocolat ou le croissant, mais aussi toujours une nouveauté, une nouvelle pâtisserie qui sera meilleur pour l'un et moins pour l'autre. Vous voyez, peu importe ce que vous réalisez il y aura toujours des avis mitigés mais ce n'est pas pour autant que votre projet ne sera pas le meilleur à vos yeux, vous devez faire en sorte à mettre tous les meilleurs ingrédients dans le but d'obtenir le meilleur résultat.

Je pense que ses premiers mois de 2020 nous ont tous amené à rester dans notre zone de confort tout en voulant y sortir, à cause du confinement. Je sais que l'on est plusieurs à avoir vécu ce confinement de différentes manières mais beaucoup d'entre nous étions motivés à ce « challenger » avoir une routine différente de la normale, faire du sport plus de trois fois par semaine, essayer de nouvelles recettes de cuisine et bien d'autres mais combien d'entre nous sommes parvenus à garder cette routine jusqu'à la fin du confinement ? Pour vous dire la vérité je pense faire partie de ceux qui n'ont pas réussi à se challenger complètement et je ne vais pas trouver d'excuse mais cette expérience ma permit de réaliser que dans n'importe quelle situation les efforts sont cumulables.

Les changements commencés doivent continuer au fil des jours pour obtenir un résultat malgré toutes difficultés et cela ne compte pas uniquement pour ce que vous voulez changer dans votre vie mais ce que vous souhaitez dans le monde. Je parle de l'injustice, du racisme et bien d'autres sujets dont beaucoup de personnes ont peur d'énoncer car cela pourrait « nuire » selon eux, à leur succès ou encore à leur salaire.

Je ne vais pas m'étaler sur ces sujets mais quand vous décider de vouloir changer quelque chose dans le monde, n'oubliez jamais que vous détenez tous les moyens possibles pour voir une amélioration dans ce monde, je sous-entends ici toutes les manifestations qui ont eu lieu, dont les plus grosses depuis fin mai 2020 avec le mouvement Black Lives Matter où plus de 50 000 personnes ont manifesté dans les rues de Paris pour avoir un changement, alors imaginer le nombre de personnes dans les rues de Los Angeles, en Suisse à Londres ou encore en Belgique… car on ne peut pas tolérer l'injustice qui mène à la violence puis à la mort. Tout ce que je souhaite dire à travers ce livre est que la voix de l'homme se fait entendre et encore plus lorsque nous sommes déterminés, alors imaginer lorsque vous fournissez tous les efforts inimaginables pour réussir, qui vous arrêtera ? À part vous-même, personne.

APPRENDRE

> « On sait rarement pourquoi on aime. On croit toujours savoir pourquoi on n'aime plus. » - Marcelle Auclair

LIBÉRER VOS PENSÉES…

Ce livre est une façon de libérer mon lot de pensées par journée, c'est-à-dire qu'écrire et penser me donnent de la joie, mais pas uniquement… Ce livre me permet de grandir mentalement, de mieux me comprendre et surtout par la suite d'imaginer que certains d'entre vous pourrez aussi apprendre quelque chose en plus à la fin de ce livre. Une journée ce n'est même pas 24 heures, ce que je veux dire peut paraître bête mais généralement votre réveil est à 8h et vous finissez votre journée vers 22h30 donc en 13 heures et 30 minutes de temps ne laissez pas quelque chose de négatif comme une remarque faite par votre collègue à midi envahir vos pensées pendant ces 13 heures de temps.

Faites ce qui vous amène à trouver le bonheur même les choses les plus banales comme rire avec vos amis, ne négligez pas l'amour que votre entourage vous donne et donner, partager votre bonheur sans compter sans essayer d'obtenir une chose en retour. Faites-le pour vous et c'est à partir de ce moment que vous verrez un changement non seulement dans votre vie personnelle mais aussi dans tous les petits détails qui ne comptaient pas jusqu'à aujourd'hui.

Vous manifestez ce que vous dites, mais non seulement ce que vous dites mais ce que vous lisez ce que vous faites et comment vous agissez envers vous-même et les autres, ce que vous mangez ce que vous croyez… la liste est longue mais vous l'avez compris, toutes vos actions reflètent des conséquences utiles ou pas qui vous font grandir chaque jour afin que vous puissiez comprendre que vous n'êtes pas la même personne qu'il y a un an. Comprendre que l'on ne reste pas la même personne au fil des années, peut être agaçant mais si ce n'était pas le cas, comment aurions-nous appris de nos erreurs ? Voilà pourquoi les erreurs sont utiles à notre développement pour apprendre de plus en plus chaque jour, mais il est clair que certaines erreurs emmènent à beaucoup de regret ou bien trop de réflexion mais je vous rassure qu'après ces erreurs commises, plus rien ne sera pareil vous agirez alors différemment, afin de créer le meilleur.

Aujourd'hui en me réveillant, j'ai pris mon téléphone et je suis allé sur Instagram (ma mauvaise habitude) je regarde quelques posts etc. Ce réseau me permet de rester créative (mais pas tout le temps positive) car même si tout le monde se « copie » la plupart des gens apportent leur originalité.
Mais aujourd'hui je suis tombé sur une publication qui disait « you don't support talent, you support popularity» cette phrase a vraiment capté mon attention car j'essaye de ne pas être naïve en continuant à me dire que si tu as du talent tu seras forcément récompensé d'une manière ou d'une autre mais est-ce que cela sera aussi facile qu'une personne qui peut être plus cotée que toi ? JE N'EN AI AUCUNE IDÉE, la seule chose dont je suis certaine est que cette phrase détient 50% de vérité, l'autre partie du pourcentage serait pour les gens qui continuent à vous aider et cela vous donne encore plus envie de continuer dans votre projet.

Ne baissez pas les bras à cause des mauvaises remarques que vous recevez, continuer à travailler encore plus et vous remarquerez que vous allez recevoir encore plus de remarques positives mais celles qui seront négatives seront toujours là car certaines personnes ne souhaitent pas votre épanouissement personnel, professionnel ou financier MAIS, ne vous inquiétez pas, continuer à faire ce que vous voulez, travailler à fond et concentrez-vous sur le positif et sur la « force » que vous recevez sans oublier que rien n'est facile.

Solitaire ou accompagné vous y arriverez...

Se laisser mener par ses émotions ne vous empêche pas de réaliser vos projets personnels, vous n'êtes pas obligé d'être seul pour avancer vers vos objectifs. J'ai toujours entendu cette phrase « l'amour n'arrive jamais au bon moment » certaines fois il n'est pas nécessaire de dissocier sentiments et projets, c'est-à-dire que dans le cas où une personne arrive dans votre vie, vous n'êtes pas obligé de vous interdire, de ne pas envisager un futur avec cette personne uniquement parce que vous estimez que pour aboutir à vos objectifs vous ne devez pas être distrait par quoi ou qui que soit.

Visualisez cette nouvelle partie de votre en vie avec plus de positivité en vous convainquant que la prochaine personne qui rentrera dans votre vie vous fera avancer dans tous les sens du terme et à aucun moment reculer. Cependant si ce n'est pas le cas et que cette personne vous oppresse mentalement voire financièrement et vous apporte beaucoup plus de problèmes c'est à vous de savoir si vous serez capable d'avoir de l'énergie pour y mettre fin.

Prendre du temps pour soi...

Prendre du temps pour soi, c'est permettre aux autres de vous donner de leur temps, cette phrase peut être aussi facile que compliquée mais lorsque vous êtes occupé à prendre du temps pour vous, vous vous concentrez uniquement sur ce que vous souhaitez devenir et ce que vous avez à faire dans votre vie pour y arrivez, vous allez alors vous rendre compte que beaucoup de personnes veulent vous côtoyer, veulent prendre une partie de votre temps afin de pouvoir passer un moment avec vous.

C'est lorsque vous voulez plus de temps que vous n'en avez pas forcément et pourquoi ? Comme vous êtes concentré sur autre chose que créer des liens sociaux, passez du temps avec vos amis ou autres, c'est ainsi qu'on arrive à la fameuse phrase « comment je peux consacrer du temps pour les autres, alors que je n'ai même plus de temps pour moi ? » si vous ne trouvez pas du temps pour vous, je dirais que c'est parce que vous ne cherchez pas à prendre du temps pour vous tout comme si vous devez voir quelqu'un et vous savez que vous n'avez pas le temps, c'est aussi car vous ne cherchez pas à faire de la place sur votre agendapour voir cette personne. Nous sommes tous des êtres humains avec une routine et des jours plus chargés que certains mais cela ne nous empêche en aucune façon de créer des liens avec des personnes, car nous ne sommes pas nés pour ne pas être entourés des personnes essentielles à nos vies.

De quoi s'inspirer quand nos jours se resemblent ?

Si je vous demande, qu'est-ce qui vous a fait sourire aujourd'hui ?
Seriez-vous capable de me répondre ? Si oui et bien c'est cool car je pense que la première chose pour être heureux est de s'inspirer de ceux qui nous entourent et de réaliser les choses qui nous font sourire tous les jours généralement, dans le cas où vous ne trouvez pas la réponse, ce n'est pas grave, on connait tous des journées plus compliquées que d'autres mais il faut juste s'assurer que cette journée désastreuse ne se multiplie pas de jour en jour.

Des journées qui se ressemblent ne signifient pas quelles sont similaires, il existe belle et bien un écart entre ces deux mots où une différence existe pour que vous puissiez être inspiré de la moindre chose, bonne ou mauvaise afin de réussir dans votre vie.
Je parle de votre vie et pas de projet, je ne veux pas que vous vous sentiez inutile juste parce que vous n'avez pas encore trouvé ce qui vous attire dans votre
quotidien. (mdr loin de là)

 Inspirer vous de tout ce qui vous entoure pour créer votre propre histoire et d'inspirer les autres. Visualisez cette expérience comme un échange gagnant-gagnant où votre bonheur affectera celui des autres et pareil pour votre réussite, votre santé et vos ambitions et vous verrez que petit à petit les changements se manifesteront avec le temps.

Soyez satisfait de vos efforts les plus minimes...

J'en parle ici vu que je trouve ce sujet encore plus intéressant s'il peut aider n'importe qui, qui liera cette partie. Nous avons tendance à toujours en vouloir plus de nos efforts, de nos réussites ou encore juste du temps, nous voulons toujours aller plus loin, atteindre cet objectif comme prendre ou perdre du poids, mais lorsque nous arrivons à ce but, nous ne sommes toujours pas satisfaits pour la plupart d'entre nous, cela peut devenir toxique. Je suppose qu'il existe des personnes satisfaites de leur parcours mais je crois que cette partie du livre est réellement dédié aux insatisfaits, ceux qui malgré leurs efforts essayent toujours d'atteindre un but encore plus extrême que le précédent. C'est un gros travail sur soi de pouvoir apprécier le moment présent sans vous projeter sur votre prochain objectif. Durant plusieurs conversations que j'ai pu avoir avec quelqu'un qui se qualifiait de « satisfait dans sa vie, ses projets ou autre » elle m'a fait remarquer que lorsqu'on est occupé à apprécier le moment présent comme par exemple un moment en famille, amis ou l'apprentissage de quelque chose alors l'insatisfaction ne trouve pas sa place dans nos pensées, c'est-à-dire que si l'on se contente d'aimer ce que l'on fait, on ne perçoit pas le temps défiler et on ne se pose pas de questions pour mieux faire « la prochaine fois ».

Malgré que cette sensation de « ne jamais être satisfait » puisse être toxique, je pense que dans certaines situations on peut en tirer du positif comme une énorme source de motivation personnelle afin de créer plus de choses ou bien de passer plus de temps avec ceux qu'on aime, sans oublier d'apprécier ce que l'on fait ou bien avec qui on partage notre temps.

J'ai du mal à comprendre l'homme aussi facile que compliqué un jour il agira en bien et l'autre en mal. La plupart du temps il ne se rendra pas compte que ses actions influent sur ceux qu'ils côtoient que cela soit en bien ou en mal.

On remarque lorsque l'attitude de quelqu'un change envers nous, on se demande systématiquement pourquoi ? Est-ce de ma faute ? Qu'est-ce que j'ai fait ? Alors qu'au lieu de se remettre en question on ne cherche pas à trouver des réponses mais uniquement à faire des suppositions qui ne nous conviennent pas, on imagine le pire pour trouver une raison de partir d'une situation qui nous déplaît sans chercher de réponses. On préfère cela. Suivre notre intuition puis trouver des réponses. Voilà comment l'homme fonctionne et je trouve c'est si facile que compliqué.

Mais prendre des risques quittes à ne pas recevoir ce que l'on désire, c'est vivre une vie sans attente mais avec une satisfaction pour soi et uniquement pour soi et durant notre expérience de vie le but est de prendre des risques, de découvrir le maximum de choses d'aimer sans forcément attendre un amour en retour, de créer des choses aussi futiles qu'elles soient et de réaliser ses rêves, objectifs et tout ce qui s'ensuit mais cela vous le savez déjà et je le répète à nouveau pour que ce livre puisse vous toucher différemment de tout ce que vous avez pu entendre, lire ou voir.

Procrastiner et se reposer…

Ces deux mots peuvent tant s'aligner parfaitement ou bien être totalement différent.

Mais vous savez tant bien que mal, que lorsque vous vous reposez alors que vous avez une liste exhaustive de choses à faire et que vous n'êtes pas si fatigué…et bien voici la procrastination !!

Pour avancer vous devez dissocier ces deux mots et arriver à faire la part des choses sans vous stresser alors au lieu de vous dire « Je suis encore dans mon lit alors que j'ai un tas de choses à faire » essayer plutôt de vous donner du temps (mais pas trop quand même), afin que vous puissiez souffler avant de pouvoir être libre et de vous reposer réellement.

Trouver le meilleur moyen de créer un équilibre pour être organisé et ne plus mêler, repos et procrastination, pour mon cas j'ai déjà essayé la technique de l'alarme en me disant dans trente minutes quand l'alarme sonne j'irais vraiment travailler et 30 minutes plus tard rien ne change tout en sachant que j'ai une masse de travail qui m'attend.

J'ai trouvé ma solution, celle qui me convient le mieux, lorsque je me disais qu'il fallait que je réalise le maximum de choses aujourd'hui vu que le lendemain je n'aurais surement plus de temps et ça a fonctionné. Bien sûr avec le temps j'ai amélioré beaucoup de choses et maintenant je réalise toutes les choses les plus importantes le matin afin d'être un peu plus au repos l'après-midi tout en mêlant pause et travail, mais je suis fière en me rendant compte que grâce à cela je ne fais plus les choses à la dernière minute et que le mot « procrastiner » ne m'est maintenant moins familier qu'avant.

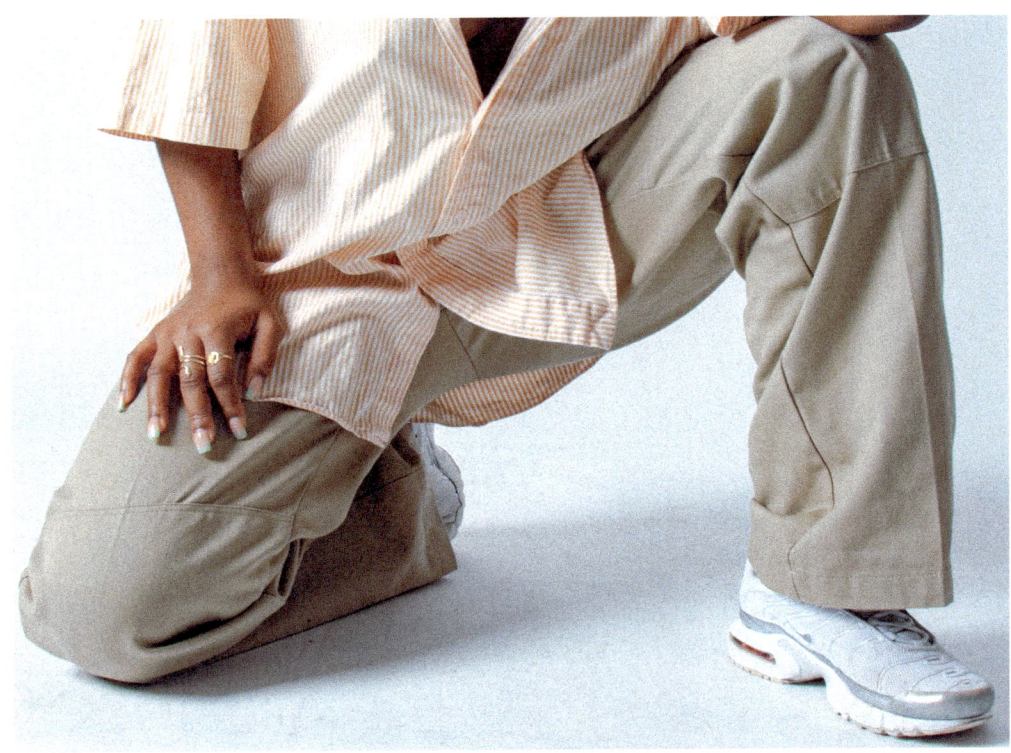

Le choix

« On se lasse de tout, excepté d'apprendre » - Virgile

Tous les jours on apprend de tout, de nos proches, des comportements différents des gens et de la vie mais surtout de nous, de nos réactions, nos actions face à des situations et de nos torts. On apprend à être meilleur dans notre vie et celle des autres parce qu'on sait que le bonheur pour soi et envers les autres n'a pas de limite.

Le positif attirera alors le positif dans tout ce que l'on fait, et pas seulement des relations entre nous mais de tout ce que l'on peut faire en une journée. N'attendez pas de recevoir de bonnes choses pour être quelqu'un de bien, car la bonté est quelque chose d'individuel qui se partage. Entre autre si vous souhaitez être bienveillant avec quelqu'un, n'attendez pas que celui-ci le soit avec vous, vous et vous seul avez décidé de faire du bien pour vous améliorer dans votre mode de vie et si les gens avec qui vous êtes bienveillant ne le sont pas avec vous alors ce n'est pas grave vu qu'on a décidé de ne pas agir pour recevoir en retour.

Ne prenez pas vos décisions en fonction des autres, surtout celles qui vous tiennent à cœur car pour ma part j'essaye de me rappeler que si je fais les bons choix je serais satisfaite autant que les personnes qui seront affectées par cette décision. Si je ne suis pas empathique avec moi-même comment je pourrais rendre service aux autres ?

Ce « livre » sera très court il sera aussi rempli de questions auxquelles je n'aurais pas de réponse, je n'ai pas créé de recette magique qui puisse répondre à toutes les questions sur les sujets importants de la vie, surtout que l'on vit des choses similaires mais qu'on réagit différemment selon les situations.

En écrivant je pense que je peux aider les autres, je continue à visualiser tous mes objectifs et à m'obliger à y croire et rester positive pour qu'ils puissent se réaliser, peu importe la longueur du projet dès que je travaille un peu tous les jours je me rapproche du but, alors n'abandonne pas aux premières difficultés et continue à travailler sur ce que tu veux, le reste viendra !

Le partage, on en parle souvent mais moins lorsqu'il s'agit des émotions et des sentiments car on a cette peur d'être rejeté par rapport à ce que l'on ressent. C'est cette fonction naturelle que l'on a développée, on essaye de se protéger afin de ne pas être détruit ou encore déçu, mais ce que l'on oublie est que même si l'on s'ouvre totalement à une personne sur le plan émotif ou bien si l'on garde tout pour soi, on risque d'être blessé car on ressent tous quelque chose même en essayant de rester impassible.

Accepter certaines émotions ou encore certains sentiments et y faire face malgré les répercussions, c'est le début du changement et je pense que ce que l'on ressent doit être dévoilé et ici je prends l'exemple de l'amour, car c'est ce qui nous unit généralement. Se dévoiler peut-être difficile mais lorsque vous avez franchi cette étape, que ressentez-vous ? De la liberté ? De la joie ? De la tristesse ? Toutes ces émotions méritent d'être vécue pour que l'on puisse en apprendre sur nous un peu plus. Je dis souvent que la vie est constituée d'expérience toutes différentes les unes des autres mais que grâce à elles, nous grandissons d'une manière tous les jours et c'est pareil pour l'amour que ce soit dans un couple, entre amis, ou bien l'amour qu'il y a entre un frère et une sœur, il y aura des disputes qui nous feront nous rendre compte que les relations humaines ne sont pas uniquement toutes roses mais grâce à elles, on en apprend sur nous et sur la personne que l'on porte dans notre cœur. Voilà pourquoi je pense que le partage est d'abord naturel en matière d'émotions et qu'il se complète avec les émotions que l'on reçoit.

Apprendre à accepter ce que tu deviens et ce que tu es.

La plupart du temps, on bloque nos objectifs naturellement, par crainte, par peur ou encore par l'échec, sans savoir ce qui bloque afin de pouvoir l'analyser et de pouvoir avancer. Mais aussi la plupart du temps on se bloque souvent à cause de nos pensées polluantes qui nous envahissent, notre enthousiasme, motivation et nos idées, ce qui est normal, car pour se remettre en question il faut bien se permettre d'imaginer une « le négatif » dans nos réflexions afin d'y consacrer un moment pour savoir si ces questions sont utiles ou pas à notre développement. Mais, on préfère éviter ce genre de questions pour ne pas être tourmenté par cette négativité et pouvoir vivre pleinement de ce que nous possédons déjà sans fournir un effort plus compliqué que ce dont on avait l'habitude.

Apprendre de soi reste l'une des choses les plus importantes pour pouvoir avancer et faire face à tout éventuel problème auquel on pourrait être confronté,
devoir se remettre en question pour connaître ses erreurs est encore mieux si vous souhaitez retirer petit à petit toutes vos pensées «polluantes» et bien sûr, toutes les suppositions que vous vous faites sur vous-même.

Ne soyez pas aussi dur avec vous et si vous l'êtes, trouver un équilibre entre le tout, pour vous accepter tel que vous êtes et ainsi, pouvoir grandir au fil du temps, ne soyez pas pressé car vous risqueriez de gâcher ce que vous êtes en train d'entreprendre, il vaut mieux prendre le temps nécessaire pour ne pas y aller trop vite.

Je pense qu'à certains moments nous devons croiser ou « se buter » à l'échec afin de connaitre la réussite, je pense que pour certaines personnes il est important de passer par cette phase afin de savoir ce qui ne va pas ou bien seulement pour recevoir un meilleur rendu ou une meilleure expérience. Ici, je ne parle pas uniquement de vos projets mais aussi de vos relations humaines. Je ne connais pas une personne qui a réussi dans sa vie sans croiser l'échec ou encore les moments durs qui peuvent survenir lors des expériences auxquelles on peut faire face. S'inquiéter un peu trop jusqu'à devenir anxieuse par rapport à certaines phases de sa vie est une épreuve par laquelle je suis passé et je pense avoir atteint beaucoup de situations totalement différentes l'une des autres, qui aujourd'hui soient n'en valent pas la peine ou bien qui sont devenus quelque chose que je contrôle totalement. Il m'a fallu beaucoup de temps pour réaliser que toutes ces choses que j'entreprends sont contrôlables mais que je me dois d'être patiente tout d'abord avec moi-même afin de pouvoir aussi contrôler mon anxiété et réussir ce que je désire entreprendre.

Le cycle.

Certaines fois nous passons par des cycles et on se pose toujours cette question « mais pourquoi moi ? » devant le rejet, le refus ou l'échec, on ne comprend pas pourquoi après tant d'effort fourni on n'obtient pas ce que l'on veut, surtout si c'est encore une situation semblable à la précédente.

J'ai tendance à me dire que si cette fois ce projet ou bien cette relation n'a pas fonctionné c'est que je n'étais pas prête ou bien qu'il y a meilleur qui m'attend, mais je sais que ce n'est pas facile de se raisonner tout le temps. Lorsque l'on n'abandonne pas facilement c'est peut être un défaut comme une qualité car toute qualité à ses limites avant de devenir un défaut tout comme le corps et le mental. Il y a très peu de temps j'ai constaté que je ne m'exprimais pas assez lorsque je n'allais pas bien, je ne parlais pas et m'ouvrais difficilement aux autres car je n'aimais pas du tout partager mes problèmes et encore moins ma tristesse et au fil du temps, toutes ces émotions accumulées dans ma tête m'ont créé de l'anxiété et beaucoup de stress.

J'en suis arrivé à un point où je mangeais très peu, je souriais moins et je réfléchissais beaucoup trop, le problème ici est que je n'écoutais pas mon corps je voulais toujours être occupé pour ne pas penser alors que la meilleure solution était de me reposer avant tout. Je n'abandonnais pas jusqu'au jour où j'ai réalisé que tout était dans ma tête et que je devais arrêter de dépasser mes limites car dans certaines situations ça me rendait malade. Alors il est important de s'écouter, écouter son corps et son mental pour pouvoir avancer car vous êtes le plus important, occupez-vous de vous avant de vouloir satisfaire le confort de tout le monde. Soyez indulgent avec vous, consacrer au moins 1h dans la journée pour vous, que cela soit le matin avant d'aller travailler ou bien le soir avant de dormir, trouver cette heure afin de vous occuper de vous, c'est le plus important.

DIMINUER VOTRE INQUIETUDE

« Tu n'es là que pour une courte visite. Ne te presse pas, ne t'inquiètes pas. Et assure-toi de sentir les fleurs le long du chemin » - Walter Hagen

Augmenter nos inquiétudes sans l'aide de personne. C'est l'une des choses où on arrive le mieux à se débrouiller sans personne, il est important par moments de ne pas prendre autant la vie au sérieux, je ne vous apprends rien mais un jour on mourra tous, alors pourquoi s'inquiéter constamment alors que l'on peut très bien trier nos pensées afin de faire disparaître le plus d'ondes négatives. Dès lors où vous vous observez réfléchir longuement sur une liste de choses que vous ne pouvez pas gérer, essayer de vous rediriger vers votre réalité et non ce tas de pensées qui sont uniquement le fruit de votre réflexion. Savoir reprendre le contrôle de son mental est l'une des choses les plus importantes pour vivre correctement de 1 et ne pas devenir fou de 2, et j'en sais quelque chose !

Tu ne peux pas être positive tous les jours 24/24, laisse-toi vivre

Je me suis demandé comment m'inspirer tous les jours malgré tout ce que je vois un peu partout sur mon téléphone ou bien à l'extérieur, comment faire plus et vraiment sortir de ma zone de confort ? Comment prendre mes expériences et les projeter dans ce « livre » pour vous aider à vous comprendre ? Car à la fin je me dis qu'on est tous les mêmes, qu'on ressent tous les mêmes choses. Alors j'ai demandé à quelqu'un, à un artiste pas très connu (mais qui devrait l'être) et il m'a répondu « on a tous un vécu unique, alors parle nous de toi…de ton dernier SMS, de ta dernière relation, de ton dernier sourire » alors voici déjà une des règles que je me dois d'appliquer, lorsque je me sens seule ou bien en manque d'inspiration, je ne suis pas obligé de me renfermer et d'essayer de trouver l'inspiration seule, je peux en parler aux personnes autour de moi, car une simple phrase, un simple échange peut te faire voir certaines choses plus claires et te montrer que cette inspiration était juste enfouie au fond de toi. Il a juste fallu d'une phrase pour réveiller le tout. . Nous sommes destinés à être autour d'autres personnes, car aucun de nous ne veut vivre seul et être face à ses problèmes ou ses joies. On souhaite tous partager nos rires et nos moments moins heureux avec quelqu'un. Je m'étais promis que la prochaine fois où je serais avec quelqu'un, ce sera le jour où je serais vraiment amoureuse et que je voudrais réellement construire quelque chose avec cette personne, mais, j'avais oublié ce gros détail où je ne suis pas la seule à contrôler toute situation.

J'ai la mauvaise habitude de vouloir toujours tout diriger en oubliant que tout peut s'arrêter du jour au lendemain sans que je ne puisse intervenir. Alors je vis, j'essaye de laisser cette mauvaise habitude et de me dire « Déjà je suis en vie, en bonne santé, sa ki la pou mo dilo pa ka chariyel » (proverbe guyanais qui se traduit ce qui est pour toi restera pour toi). Oui, je me rassure moi-même, car je m'inquiète aussi toute seule, alors la dernière fois que je n'étais pas heureuse que la situation avec cette personne s'est terminé, j'ai mis beaucoup de temps à l'accepter mais aujourd'hui je me dis que si ça s'est fini, c'est pour une raison même si je ne vois pas la nécessité dans l'immédiat, je la verrais plus tard.

Avant de vouloir avancer, regarder le dernier pas que vous avez fait, est-il bien droit ou bien de travers un peu sur le côté ? C'est comme ça que vous avancerez mieux, analysez-vous et faites mieux que les fois passées et même si ce n'est pas à la hauteur de vos espérances, vous y arriverez, avec toute la confiance que vous avez en vous !!!

Par moments j'ai peur de ne pas savoir comment y arriver et certaines fois cette idée de ne pas évoluer et de rester tétanisée ne fait qu'alimenter ma peur. Lorsque je pense à quel chemin prendre pour évoluer personnellement et professionnellement je m'y perds par moment, bien que je sois souvent d'accord sur le fait que je ne peux pas avoir réponse à toutes mes questions cette peur diminue ou grossis de jour en jour. J'ai peur de l'inconnue, de ne pas savoir si ce que je fais aujourd'hui sera bien pour demain et surtout utile, mais je le fais quand même, j'agis quand même, j'exploite mes passions quand même, en me disant que tout acte laisse une trace et qu'au bout d'un moment je saurais où me diriger car tout sera évident et il n'y aura plus de questionnement.

Alors dès fois je marche sans but précis, le seul but est de m'aérer et de ne plus penser travail ou bien à mes études ou encore au manque d'inspiration qui se manifeste, le but est de ne plus me poser de questions pendant une petite heure, et observer les choses telles qu'elles sont, voir à quel point les personnes sont heureuses lorsqu'il y a du soleil, voir le sourire sur le visage des enfants et juste apprécier ce moment seul en me disant que tout ira bien. Je me répète encore une fois, mais il n'y a pas de recette magique au bonheur ou à quoi que soit d'ailleurs, l'Homme complique tout ce qui vient à lui, je parle des relations, des amitiés et des simples choses car par moment il se crée des problèmes pour un rien. Sa solution est alors la consommation.

À chaque problème on cherche une solution et celle-ci est généralement liée à la consommation et cela n'aide pas à résoudre le problème mais seulement à l'atténuer. Comme une mère qui cherchera à endormir son bébé, elle cherchera tout type de solution pour qu'il s'endorme, des conseils, des musiques mais aussi toute sortes d'appareils qu'on trouve sur internet, d'où la consommation !! On est tellement habitués à résoudre certains de nos problèmes grâce à internet que l'on oublie comment fonctionner en tant qu' êtres humains, comment penser simplement sans créer des problèmes toutes les cinq minutes et surtout comment vivre simplement, s'exprimer sans penser mille fois à la réponse qu'on recevra. Lorsque vous vous entraînerez à devenir une personne moins complexe, à vous améliorer dans tous les sens du terme, vous n'aurez plus de place dans votre conscience pour vous créer des problèmes.

La Déception

« La déception est bien moins pénible quand on ne s'est point d'avance promis le succès »
Sénèque

Je ne t'apprends rien, la déception fait partie de ce que l'on vit. Malgré toutes les promesses qu'on se fait, tous les chemins qu'on prend, on arrive quand même à ce panneau « déception » et ce n'est pas facile d'y faire face mais encore une fois vous le savez déjà, j'ai souvent été déçue, alors l'une des décisions les plus bêtes que j'ai pu prendre, a été de me dire « Je peux uniquement compter sur moi » et cette phrase m'a évoqué un gros problème de confiance. Malgré qu'on m'ait dit « La déception forge et ce ne sont que des expériences que tu dois vivre. » J'ai quand même pu me rendre compte que me renfermer sur moi et ne vouloir faire confiance à personne ne m'éloignerai en aucun cas de la déception mais cela ralentirait uniquement le trajet vers celle-ci.

Parce que bien évidemment quelqu'un qui a été déçu ne souhaite en aucun cas revivre cette situation alors il installe des barrières pour se protéger, il ne s'ouvre pas trop par peur et surtout il essaye de prendre la vie moins au sérieux mais, vivre dans la peur est ce qu'il faut éviter. Une vie pleine et remplie de bonheur est une vie sans peur, sans peur de déception ni de regrets. Alors oui, j'en ai mis des barrières pour ne plus souffrir mais aujourd'hui je n'en ai plus (ou peut-être un peu moins ahah) car je veux moins me méfier des autres, je veux croire qu'il existe encore de bonne personne sur terre et qu'un jour les déceptions que je vivrais seront tellement minimes que je réaliserai que les affronter n'est pas si compliqué que ça.
Alors je vis, je rencontre de nouvelles personnes, lorsqu'on s'ouvre à moi, j'écoute et je comprends certaines fois pourquoi les gens sont comme ils sont, car la déception nous change de A à Z, la trahison, le rejet et la déception nous change complètement. Même, lorsqu'on comprend pourquoi quelqu'un se comporte d'une telle façon avec nous, il est plus simple de rassurer cette personne et surtout de le laisser voir que tout le monde n'est pas pareil et qu'il existe encore de la bonté dans le cœur de celui à qui il se confie.

J'ai voulu en savoir plus sur mes proches et ceux qui ont vécu aussi des déceptions récurrentes et j'ai vraiment été étonnée, le type de déception à laquelle les gens ont été le plus confronté était la déception de soi et lorsque je leur ai demandé comment ils ont pu faire face, ils m'ont dit qu'ils se sont poser des questions et qu'ils ont essayé d'avancer à leur rythme. C'est à ce moment précis que j'ai pu voir que même lorsque qu'on rencontre des déceptions similaires, on réagit tous différemment, comme une amie à moi qui m'a fait part de ce moment de sa vie où elle s'est complètement renfermer sur elle-même, elle a arrêté toutes activités comme la danse, pour aller mieux, mais aujourd'hui elle sent un changement malgré qu'elle soit toujours un peu renfermé.

Ou bien, un ami qui lui ne s'est pas du tout renfermé et qui a su compter sur des personnes qu'il considérait comme sa mère, son frère et ses amis qui l'aident beaucoup à faire face à ses déceptions. Je me suis demandé, comment tu évolues après cette chute, cette tristesse, ou même cette rage que tu as peut-être ressentie et on m'a dit « les personnes sont parfois faites pour être dans nos vies durant une période et que toute relation a besoin de communication et de compassion » j'ai trouvé cette réponse super belle, malgré qu'on a pu être vulnérable face à quelqu'un, on ne devrait rien regretté car cela nous a permis d'en apprendre plus sur nous et notre force à remonter des obstacles qu'on croyait insurmontable.

J'ai été mitigé à me dire que compter sur soi-même par peur d'être déçue était la solution la plus efficace pour se sentir bien et sereine tout au long de ma vie, cependant j'ai eu tort à 50% c'est-à-dire que je pense qu'il y a toujours une personne dans ce monde à qui tu peux faire confiance aveuglement mais quelqu'un m'a dit « Je ne compte pas sur moi-même par peur d'être déçue mais parce que je suis la seule personne qui sera là à 100% pour moi-même ». Je pense qu'il existe au moins une personne à qui tu peux faire confiance mais cette personne doit se situer en top 2 du classement parce que la première place, restera toi et toi seul.

Après que vous ayez été déçu, à quoi vous êtes-vous rattaché ? Oui, parce qu'il y a sûrement quelque chose ou quelqu'un qui vous a permis de ne pas stagner dans cette déception…comme vos rêves, votre ambition ou encore vous-même par exemple, mais en tout cas cette petite ou grande chose quelle qu'elle soit vous a permis d'en arriver à là aujourd'hui, c'est-à-dire vivant car vous êtes en train de lire ce livre actuellement. Tout le reste dépend de vous, votre richesse, votre bonheur, votre mental ou encore votre stabilité émotionnelle, toutes ces choses dépendent uniquement de votre envie et de votre « rage » à vouloir réussir dans ce que vous entreprenez. Si vous avez réussi à vivre une déception alors vous avez affranchi un obstacle sur une centaine et malgré ça vous n'avez pas reculé.

Alors, continuez de poursuivre vos efforts car les résultats ne viennent pas au premier obstacle franchi mais à la façon dont vous avancerez et comment vous ferez face aux prochains obstacles. Tant que vous n'abandonnez pas vous réussissez petit à petit. Vous avez sûrement déjà entendu l'expression 1 de perdu, 10 de retrouvé. Une expression crée pour nous rassurer quoi qu'il arrive, il y aura toujours une meilleure situation qui se présentera, je préfère le voir comme ça et non m'attendre à quelqu'un de meilleur car la réalité c'est que la vie peut être perçue comme des montagnes russes, il y aura toujours des hauts et des bas, indépendamment de notre volonté. Une déception mènera à une situation meilleure ou pire ? Une partie dépend de vous et de vos choix et une autre partie est contrôlée par celle ou celui qui est dans votre vie. Vous ne pouvez pas tout contrôler et c'est tout à fait normal.

Lâcher prise, arrêter de stresser pour un rien mais n'enfouissez jamais vos craintes peurs et émotions vivez-les, ressentez les pour prendre un nouveau départ. Voyez cela comme une reconstruction de vous-même, vous en avez besoin et vous en aurez besoin tout au long de votre vie. Personne ne peut être à 100% de sa capacité tous les jours, mais vous décidez à quel moment prendre une pause pour vous permettre de rayonner pleinement à nouveau.

Plusieurs naissances en une vie

On se découvre tous les jours mais on apprend encore plus de nous-même tous les jours, ce qui est encore plus important est de continuer à apprendre de nos réactions vis-à-vis des situations auxquelles ont fait face. Depuis petits, nous apprenons à nous faire comprendre et cela même sans le langage, un bébé qui a faim pleura pour attirer l'attention de sa mère dans le but d'être nourri, dans le cas où il préfère être porté par sa mère au lieu de son père, il tendra ses bras vers sa mère afin qu'il comprenne qu'il ressent un manque vis-à-vis de sa mère. Notre langage non-verbal est aussi important que le verbal, on peut analyser beaucoup de choses à travers le regard, la façon de se comporter, de bouger etc.

Mais nos réactions sont encore plus visibles avant qu'on s'exprime à l'oral. Alors on essaye souvent de s'allier à des personnes avec qui le langage non-verbal est autant compréhensible que le verbal et inconsciemment ces personnes prennent généralement beaucoup de place dans nos vies.

Mais bien que le non-verbal soit important, l'un ne remplace pas l'autre, il est important que tout soit équilibré pour parvenir à une entière compréhension entre deux personnes. On est obstiné à vouloir bien faire, bien agir, contrôler nos mots par peur de blesser ou de décevoir, mais lorsqu'on commence à se connaître et à comprendre certaines de nos réactions, nous devenons plus aptes à vivre en sérénité, car en réalité même si vous aviez déjà pu être seul et je ne parle pas d'avoir un partenaire ou autres…non, je parle de vivre seul, de gérer sa santé mentale, de savoir gérer le loyer, les courses enfin se débrouiller seul même si qu'on a souvent l'aide de la famille et des amis, nous souhaitons tous à l'unanimité rencontrer quelqu'un qui nous correspond qui sera là pour rire pour pleurer, quelqu'un avec qui le respect la communication et l'amour seraient de rigueur mais on oublie aussi souvent que pour rencontrer cette personne il est nécessaire de s'être au moins une fois dans sa vie concentrée uniquement sur soi. Je trouve qu'on donne énormément de notre temps et de notre énergie à quiconque sauf à nous-même.

Prenons le temps pour nous, voyager seule, faire des activités ou bien juste se reposer. Si tu n'es pas à l'aise avec ta présence uniquement comment tu pourrais être à l'aise avec quelqu'un d'autre ?

Réaliser qu'on ne se connaît pas entièrement n'est pas bien grave, je dis souvent qu'on ne peut pas vivre toutes les expériences d'une vie lorsqu'on craint d'expérimenter. Ce n'est pas parce que vous savez déjà comment vous avez pu réagir à une quelconque réaction comme la mort d'un de vos proches qu'aujourd'hui si une personne décède (j'imagine ici une situation horrible) vous réagirez de la même manière. Notre corps et surtout notre mental ne sont pas constitués pour réagir de la même façon tout le temps. Un sursaut ne sera pas le même en fonction du lieu, des personnes qui vous entoure, de l'ambiance et plein d'autres facteurs même si le bruit qui vous a fait sursauter est le même et cela est normal. Nous ne pouvons pas tout contrôler et nous sommes obstinés à croire que l'on peut contrôler toutes ces réactions vis-à-vis de certaines situations.

Ce que l'on peut essayer de faire cependant, c'est de se comporter de manière authentique et sincère à chaque moment de notre vie, que l'on arrête d'agir pour plaire aux autres mais qu'on commence à agir pour se plaire à nous-mêmes d'abord. Ne vous excusez pas de ressentir des émotions que vous n'avez pas l'habitude de ressentir lorsque tout se produit de manière sincère, sans mensonges ni quoi que soit pourquoi vous voudriez, vous sentir mal ?

Je vous donne un exemple, une situation que l'on a tous vécu soit à l'école ou bien le premier jour de travail dans une nouvelle entreprise. Il peut s'avérer parfois difficile de vouloir s'imposer dès le premier jour dans une nouvelle entreprise, comment agir avec nos collègues sans qu'il ne nous prenne pour le petit nouveau ou la petite nouvelle ? Comment imposer sa manière de penser sans vouloir diriger tout le monde ?
Le temps… fera les choses correctement. Vous n'arriverez pas à vous faire connaître et à ce que les gens vous découvrent en uniquement trois jours au sein de votre nouveau travail ou bien dans votre nouvelle classe. Il vous faut du temps car c'est une mise à l'épreuve, vous êtes hors de votre zone de confort avec des personnes que vous n'avez jamais côtoyées auparavant et l'on vous demande de rester ensemble dans le même espace généralement de neuf heures à dix-sept heures, et durant cette journée vous aurez juste le temps de renforcer la première impression que les personnes ce sont faites de vous.

Ce « breakdown » juste après avoir une nouvelle routine

Nous avons tous fait face à un changement total de nos habitudes et ça a pu être perturbant jusqu'au jour où l'on est complètement à l'aise avec notre nouvelle routine, car certainement le corps ne suit pas avec l'esprit ou vice-versa mais vous ne pouvez pas agir en bonne conscience si vous trouvez un déséquilibre entre votre corps et votre esprit, les deux ont besoin d'être nourri d'une façon à ce que vous soyez en paix et en totale harmonie avec ce que vous souhaitez effectuer durant la journée. Je parle du présent et de la visualisation du futur mais la principale source de réflexion est le présent. Vous êtes obligé de prendre soin de vous d'abord si vous voulez prendre soin des autres ou encore apporté des efforts qui demandent 100% de votre force. Comment un athlète devient meilleur de jour en jour ? En prenant soin de lui et en écoutant son corps.

s'il le faut mais n'abandonner pas car on ne sait pas à quel moment on atteint le sommet, on ressent juste lorsqu'on s'approche de la ligne d'arrivée. Je ne vais pas donner d'exemple de routine à adopter, vous en connaissez déjà plein et le but de mon livre n'est pas de vous donner une méthode radicale, car tout le monde fonctionne différemment mais je peux toujours vous faire part de mon fonctionnement et peut être prendre exemple, la modifier ou ne pas suivre du tout la suivre, c'est votre choix .

À vous de définir une routine pour créer un équilibre entre votre mental et votre corps, dès que vous l'aurez trouvé soyez rigoureux et n'abandonnez pas, ralentissez

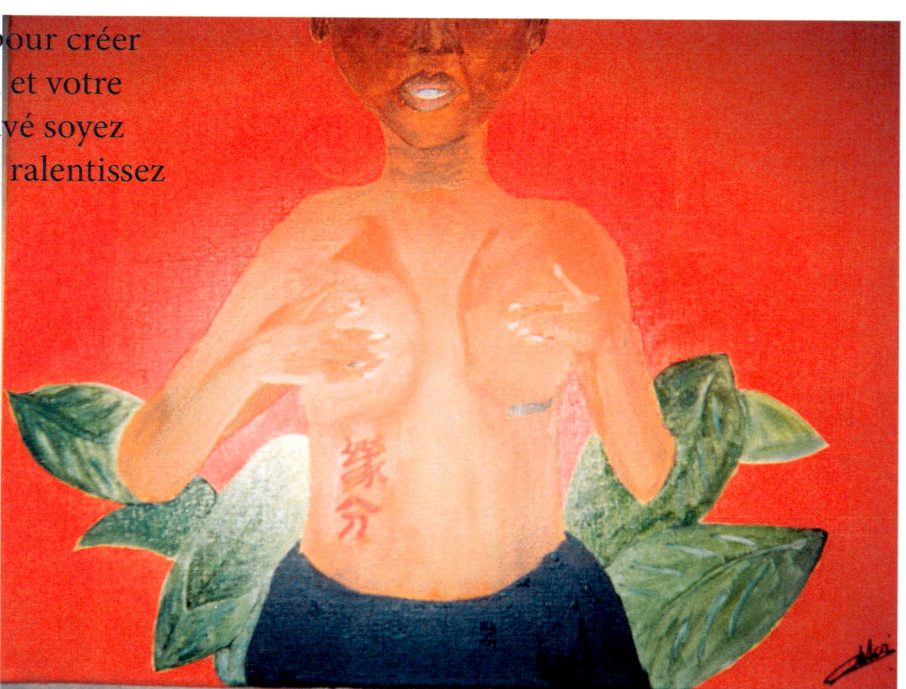

De temps en temps, le manque de créativité n'est pas une mauvaise chose. Il suffit de lâcher prise pour savoir ce qui se dirigera vers vous, tentez d'être moins frustré de travailler sur vous sans en demander trop, de connaître vos limites et de savoir quelle est la chose qui vous fait sourire, qui vous permet de souffler et de voir votre avenir de façon optimiste. Si vous réfléchissez beaucoup habituellement, je vous conseille d'y aller doucement, sans précipitations et les petits efforts quotidiens que vous ferez sur vous auront un impact un jour ou l'autre.

Avoir une passion ou tout simplement quelque chose aue vous aimez faire dans votre vie est essentiel pour continuer de vous diriger vers vos objectifs. Quelqu'un qui travaille tout le temps sans savoir comment se relaxer physiquement où mentalement ne pourra pas travailler efficacement. Vous pensez qu'un chanteur écrit tous les jours ? sans se laisser le temps d'avoir des idées et un bon projet, personnellement je pense pas. Le silence peut être la source de votre créativité.

Permettez à votre esprit d'être dans le silence de temps à autre, évitez de penser constamment et agissez, trop penser peut nuire à de bonnes idées ou encore à votre confiance. Tout comme la danse, par moments il suffit de danser sans essayer de penser à vouloir bien faire le pas, on arrête le jugement et on fait les choses pour soi sans faire attention aux regards des autres !!!

Laissez-vous respirer et prenez du temps à visualisé votre vie de manière positive.

Le temps et le silence vous permettront d'avoir une autre perception de votre vie uniquement en vous écoutant, vous pouvez changer énormément de choses dans votre quotidien alors commencer par de petits changements.

Construction d'une vie saine

J'aurais voulu que tout le monde grandisse avec les mêmes paroles que ma mère me donnait lorsque je lui disais qu'à l'école on se moquait de mes lèvres, « ma chérie ne t'en fait pas tu es belle, ils critiquent car ils n'ont pas ce que tu as » des paroles réconfortantes qui sont devenues ma réalité et croyez-moi qu'aujourd'hui que je n'ai plus de manque de confiance par rapport à ça . Au lycée je venais de me couper les cheveux, dites-vous qu'une coupe courte afro au milieu de longs cheveux plus malléables que les miens étaient considérés comme de « mauvais » cheveux. La confiance en soi peut baisser à partir du simple regard qu'une personne porte à votre égard ou encore des paroles que vous recevez, n'en fait pas une réalité, sachez différencier les critiques non constructives et celles qui vous feront avancer. Si aujourd'hui j'avais écouté les gens autour de moi, je ne serais tout simplement pas moi, sans aucune authenticité, mais celle qui aurait essayé de ressembler aux critiques des gens.

Maintenant faites un tri entre toutes les paroles que vous recevez il n'est pas obligatoire de prendre tout en compte sinon vous en perdrez votre tête, sachez reconnaître le vrai du faux. Essayez de savoir ce que vous aimez avant de construire vos goûts sur les critiques de votre entourage. Sachez qui vous êtes et ce que vous voulez pour construire la routine saine qui vous ressemble à 100%, ce mode de vie où vous vous sentirez à l'aise dans votre comportement, vos actes et vos paroles.

Lorsque ces trois choses seront accordées vous allez remarquer la différence entre maintenant et il y a peut-être quelques mois.

Tu vas te déconstruire et c'est inévitable...

Je n'ai pas envie de vous dire de réfléchir des heures aux bonnes et mauvaises critiques cela ne servirait à rien, car vous savez déjà ce qui est bien pour vous. La plupart des personnes demandent conseil à leur entourage et je suis sûr que vous aussi mais ce n'est pas pour autant que vous suivez à la lettre ce qu'on vous dit.

Sachez qu'il n'y a pas de réelles mauvaises décisions tant que vous ne regrettez rien, vous avez fait le bon choix. Moins de doute et plus de confiance en soi, c'est l'une des phrases qui doit se répéter dans votre tête tous les jours. Nous ne sommes jamais construits afin de ne pas être déconstruits, notre vie est un cycle, nous apprenons à faire face à nos blessures à notre reconstruction et à vivre avec ces blessures. Rien n'est jamais construit pour ne pas être déconstruit, vous n'êtes pas un monument, mais un être vivant, qui ressent tout. J'ai appris à m'aimer plus qu'aimer quelqu'un qui ne voyait pas ma valeur. Ça peut être logique normalement c'est censé l'être mais par moments nous nous sous-estimons tellement que nous oublions notre amour-propre en faisant passer l'amour que nous avons pour un(e) autre.

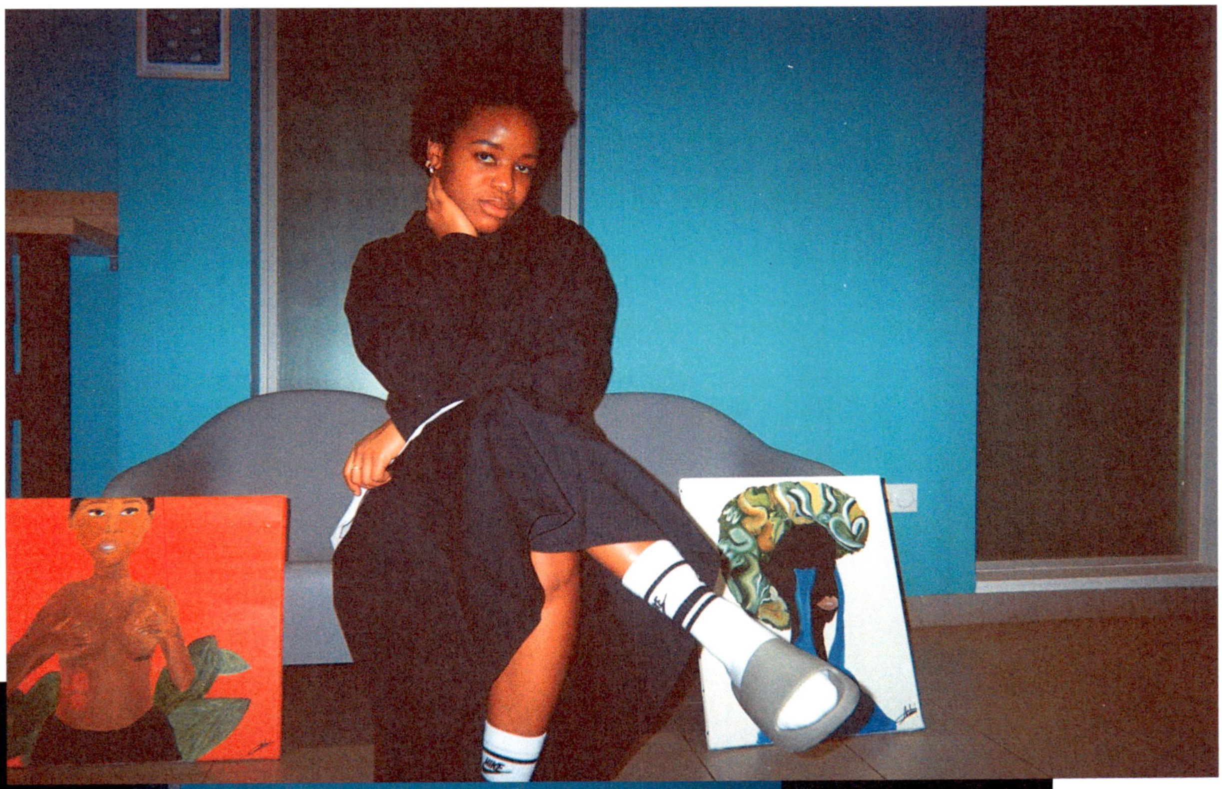

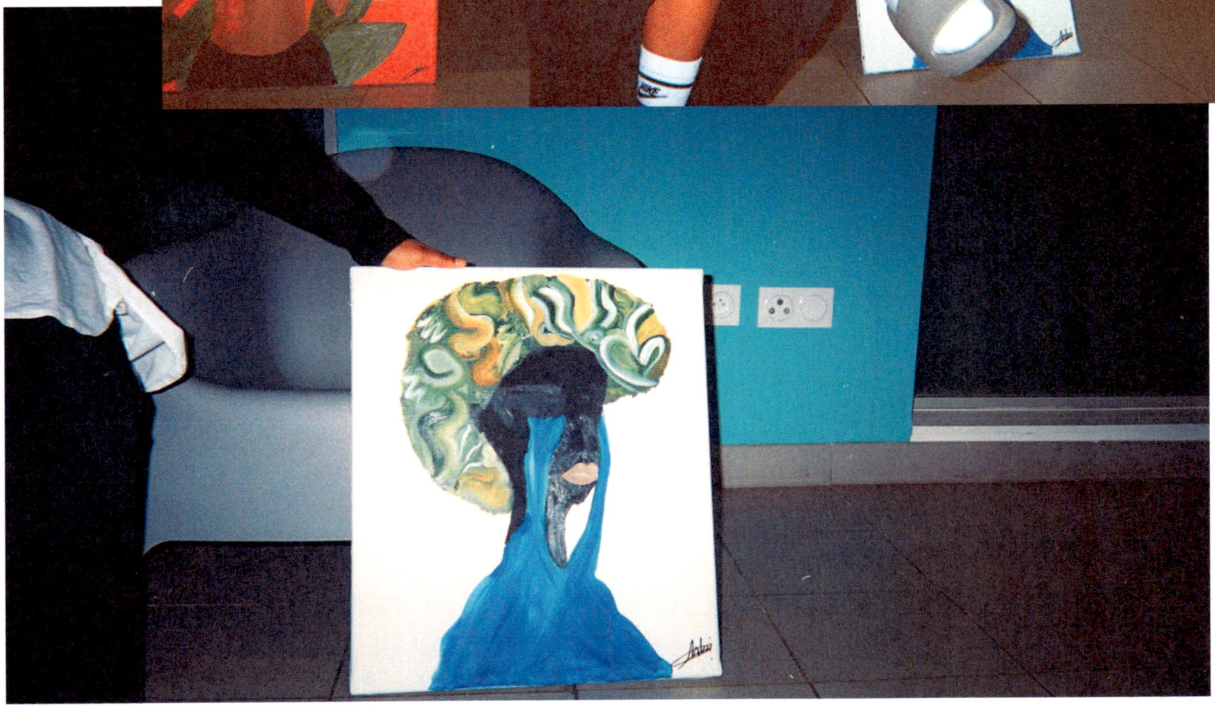

ENTRETIEN AVEC ISMAEL et FRANCOISE

Rencontre avec Ismaël, un artiste qui nous plonge dans son univers entre la photo, l'art, la mode il nous explique ses inspirations, et Françoise qui ne se définit pas dans un type mais dans tout… elle nous explique sa vision.

Que fais-tu comme art et comment tu te décrierais ?

ISMAEL Je suis photographe mais je ne me considère pas comme un photographe qui cherchera à embellir ce que je vois, justement ce n'est pas trop mon but dans ce que je fais. La plupart des projets que j'ai en tête et que je mets en place montrent les parties « moches » de l'être humain comme la tristesse, la dépression donc pas forcément le côté joyeux, beau que j'essaye de transmettre. Je fais de la photo pour transmettre des émotions…

FRANÇOISE Alors j'ai 26 ans, j'habite à Paris et comment je décrierais ? Je fais un peu de tout, j'ai d'abord fait une licence d'arts plastiques en termes d'études, après j'ai fait du graphisme. C'est dur de m'identifier à un seul type d'art, j'aime beaucoup la mode mais ce n'est pas l'une des choses par laquelle j'ai été attiré en premier mais je me suis mise à la
couture et de base j'aime peindre et depuis 1 an voir 2 ans c'est plus la photo, j'essaye de toucher à la vidéo aussi.

Tu choisis d'abord ton projet et en fonction tu te diriges vers un type de personne en particulier ou bien c'est plutôt 50/50 dans le sens ou quelqu'un te demande pour un projet et t'accepte même si ce n'est pas en rapport avec ta vision de la photographie ?

ISMAEL Justement c'est ce que j'ai fait pendant une petite période et j'ai remarqué que ça ne me plaisait pas tant que ça et être appelé pour mettre en place les idées des autres ça ne m'intéressait pas. J'ai compris que je suis plus quelqu'un qui doit avoir ses idées en tête et chercher les éléments pour réaliser à bien mon projet, trouver les pièces manquantes pour ressortir ce que j'ai en tête ça motive beaucoup plus.

Tu as commencé depuis quand ?

FRANÇOISE Depuis ma licence d'arts plastiques je dirai mais en vrai depuis que je suis petite je suis très manuel, je piquais les trucs de ma mère qui est maitresse donc peinture, dessin…je faisais plein d'activité mais j'ai vraiment commencé au lycée avec l'option art et en licence ça c'est vraiment approfondi. On avait plusieurs modules donc autant je touchais à la photo numérique et à la peinture, dessin etc. On avait la chance d'avoir un labo pour développer nos photos, c'était une bonne opportunité. Dans la vie de tous les jours les petites choses m'inspirent et surtout je suis très observatrice donc en termes d'architecture de texture aussi, ça m'inspire et je trouve qu'avec la photo on ne regarde pas assez ce qui nous entoure donc je vais essayer de retranscrire tout ça en photo.

ISMAEL J'ai commencé la photo en 2017 mais avant ça je faisais plus de la photo basique, amateur c'est-à-dire soit sur iPhone ou bien j'avais une amie quand je vivais au Bénin qui est rentré avec un petit appareil et elle me demandait souvent de la prendre en photo, c'est quelque chose que j'aimais bien faire et je me souviens que mes photos sur Facebook à l'époque en 2012 étaient retouchées, j'abusais du contraste et d'autres fonctions… c'est des choses pour lesquelles je m'étais pas encore trouvé une passion.

C'est dans une phase où j'étais en dépression, j'avais besoin de quelque chose pour m'accrocher et garder la tête hors de l'eau et c'est à partir de là que j'ai découvert ma passion pour la photo et ça à débuter avec un ami aussi qui au départ on se suivait sur les réseaux et il avait posté un « thread » sur Twitter où il prenait des photos de ses potes en vacances, des journées et des choses qui l'entouraient et je trouvais incroyable le niveau d'émotion qu'il arrivait à nous transmettre juste par des clichés et c'était vraiment mon but de pouvoir chercher à provoquer des émotions parmi les gens qui tomberaient sur mes photos et transmettre mes émotions à moi à travers la photo.

Comment tu as investi dans la photographie ?

ISMAEL Alors j'ai eu la chance au moment où je voulais commencer sérieusement la photographie, j'ai eu une pote qui est vraiment dans le métier de direction artistique etc. elle avait un appareil photo qu'elle utilisait mais en allant à Dubaï elle faisait du quad et l'appareil est tombé dans le sable. L'objectif était rempli de sable et elle a juste changé d'appareil et moi je lui ai demandé si elle en voulait plus, elle m'a dit que je pouvais le prendre et le faire réparer si je voulais et c'est grâce à ça que j'ai commencé à faire de la photo.

Quand j'y pense c'était un appareil bas de gamme, pas de puissance de calcul et pourtant j'ai réussi à faire des merveilles avec cet appareil, j'ai réussi à expérimenter et je trouve que les premières photos que j'ai réussi à prendre avec cet appareil sont les plus belles jusqu'à aujourd'hui, pourtant je ne savais rien faire avec juste j'expérimentais, c'était mon œil et ce que je voulais capturer et ça c'était fou.
Je trouve que plus on devient fort on perd cette partie émotionnelle et naïve, on porte plus d'importance sur d'autres détails et on oublie l'essentiel de la photo, c'est principalement capturer des moments et de les faire transmettre d'une certaine manière au public.

Quand on est focus sur ces objectifs et la technique on oublie l'essence et du coup on fait de la photo pour plaire…
Mais je me dis que tout le monde fait différentes choses et il faut bien qu'il y ait des photographes qui eux sont plus techniques et s'en foutent des émotions et d'autres qui sont moins concentrés sur la beauté et la technique et plus sur l'aspect émotionnel. J'appelle certains photographes des artistes parce que je trouve que c'est vraiment de l'art car pour moi ils réussissent à transmettre quelque chose. Pour moi un art dénué d'émotions n'est pas de l'art que ce soit la danse, la photo, la peinture tu dois éprouver un certain feeling pour te connecter avec ce qui est en face de toi et pouvoir ressentir quelque chose, il doit y avoir un travail de réflexion derrière et c'est pour ça que je suis grave dur avec moi et perfectionniste.

Déjà c'est dur de reproduire ce que je vois à l'œil car c'est l'appareil optique le plus incroyable au monde, quoiqu'on n'arrive pas à voir la lune avec… mais c'est encore plus dur de reproduire ce que tu ne vois pas et ce que tu as en tête et c'est l'un de mes problèmes surtout comme je l'ai dit je suis perfectionniste donc tant que j'arrive pas à réaliser pile poil ce que je veux, j'aime pas le résultat.

Être perfectionniste ne t'arrête pas dans ta lancée créative ?

ISMAEL Oui totalement, par exemple tout à l'heure Françoise m'a parlé d'un projet pour lequel on voudrait que je boss dessus mais au final je voulais pas le faire parce que je ne me sens pas légitime de le faire parce que je ne me sens pas fort, pourtant je le suis mais juste je ne reconnais pas mon travail comme ce que je voudrais atteindre, ce que je voudrais en faire et juste pour ça je ne me sens pas légitime d'accepter ce taff pour qu'on me paye et faire quelque chose alors qu'au final je pourrais satisfaire le besoin du client mais je ne satisferai pas le mien et du coup ça me freine totalement dans mon travail mais au final c'est bête parce que tant que j'expérimente pas et que je passe pas par certains projets, je ne pourrais pas m'améliorer donc je m'améliore à ma manière peut-être bien…

Comment ton art t'aide dans les périodes où tu ne vas pas bien ?

FRANÇOISE Alors rien que le fait de m'inspirer des autres et de leur histoire ça va me donner envie de réfléchir à des thèmes, d'avoir des idées et ça va m'inspirer. Je trouve qu'être créatif ça peut t'emmener hyper loin et justement t'éloigner des mauvais moments que tu peux passer.

ISMAEL Ca me permet généralement de m'évader mais la plupart du temps comme je l'ai dit certains projets sont tristes donc quand tu produis du triste, tu vois du triste, et bien ça te rend triste et ça peut te « trigger » sur certaines choses du coup ça ne t'apporte pas tout le temps de la joie mais ça te permet de t'évader, tu ouvres ton esprit à autre chose et ça te permet de pas te concentrer sur ce qui t'entoure mais sur ce que tu fais. Tu t'échappes de la réalité et ce qui est cool c'est que quand tu t'échappes réellement et que tu es fière de ton taff ça te remet sur le bon chemin et tu peux revenir à ta réalité avec de bonnes émotions. Moi ça m'a permis d'extérioriser ce que je ressentais et ça te permet de vider ce poids que tu portes et que tu gardais depuis longtemps.

Comment tu gères le manque de créativité ?

FRANÇOISE Ah bah là j'en sors justement…et j'ai appris à faire avec parce que tu sais c'est super frustrant de pas savoir quoi dessiner, quoi produire mais quand tu sors de cette période tu te dis que c'était nécessaire pour aller plus loin et maintenant en grandissant je laisse passer, sans être passive mais j'apprends à apprendre à ne pas être créative. Surtout qu'on est dans une période où à chaque fois tu peux avoir des To-Do list de plein de trucs à faire et des fois, juste rien faire ça te donne des idées et ne pas avoir d'idées tu te dis vasy mon cerveau a besoin de se reposer un peu pour reprendre, mais j'apprends vraiment à apprécier ces moments. Ce qu'il ne faut pas faire c'est se frustrer et se comparer aux autres, je pense à moi et j'essaye de ne pas être en compétition avec personne et il faut apprendre à savoir ce qu'il ne va pas pour aller mieux.

ISMAEL Ce qui m'inspire la musique d'abord, la plupart des projets en tête sont liés avec une musique, un mood dans lequel je suis ou bien l'inspiration vient de mes expériences passées et ce que j'ai ressenti. Mais d'habitudes quand je manque d'inspirations ce sont plutôt les moments où je me sens heureux, j'ai moins d'idées alors que quand je ne suis pas au top j'ai ce besoin de créer pour m'exprimer et c'est un cercle vicieux tu vois. Ou bien je vais aussi sur Pinterest parce que c'est incroyable ce que tu peux trouver dessus ou Behance, tu postes tes projets dessus et ton portfolio que ce soit en design graphique, photo, poterie, gros tu pètes ton crâne donc généralement c'est ce que je fais pour voir ce que les gens font et ça me donne des idées mais à réaliser à ma manière.

La fin mais aussi le début de votre nouvelle vie

Éduquez votre esprit et installer votre propre routine, continuer d'apprendre et ne prenez rien pour acquis. Ce sont les conseils que je ME suis donner, j'ai aimé écrire ce magazine car il représente beaucoup d'étapes auxquelles on fait face tous les jours, de 2020 à 2023 j'ai beaucoup appris, je sais que je ne suis pas seule à ressentir tout ce que j'ai pu vous faire part alors c'est pourquoi j'ai voulu partager, et ne pas garder les belles discussions que j'ai eues uniquement pour moi. Je voulais vous partager tout ce que j'ai appris, tous les petits et grands événements auxquels j'ai été confronté durant ces deux voir 3 ans de rédactions avec de grandes pauses bien sûr. Ne précipitez rien en allant trop vite par peur d'avoir raté le bon moment ou d'être trop lent. A chacun son rythme. Chacun procède comme il le souhaite et n'oubliez pas qu'il y a de place pour tout le monde pour tous les projets que vous avez, la compétition est uniquement avec vous et personne d'autre.

Soyez fière de vous.

Merci à toutes les personnes qui ont contribué directement ou indirectement avec mon projet. Rien de tout ça n'a été facile, m'ouvrir réellement à travers des mots est la chose dont j'avais le plus peur mais aujourd'hui c'est fait.

Merci à ma mère, ma famille, mes amis qui m'ont aidé, Patricia, Cassandre, Maurane, Feriel, Léo, Babs, Lionel, Ezechiel. Une superbe styliste, Laura et un incroyable photographe Bydonee.

Merci à tous ceux qui ont accepté d'apparaitre sur certaines photos, Divine, Leo, Nicolas, Mariam, un gros merci à Ismaël et Françoise qui ont accepté cette mini interview. Ce projet à énormément compter à mes yeux et je suis heureuse de pouvoir le partager avec vous, ayez votre vision, continuer de bosser et votre réussite viendra !!! Mucho love

EDITION 2022 2023

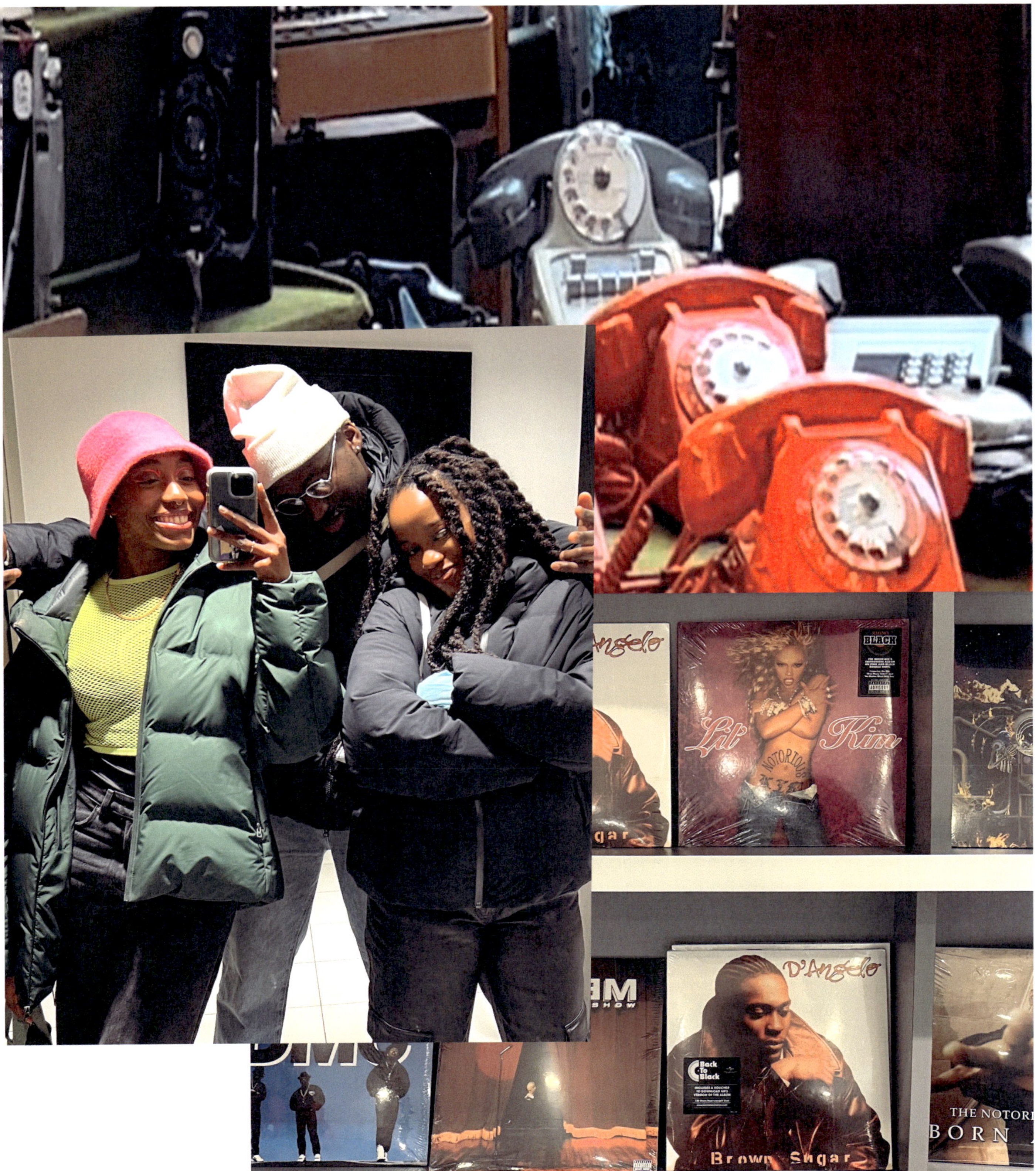
Lil' Kim
D'Angelo
Brown Sugar

Printed in France by Amazon
Brétigny-sur-Orge, FR